AF356411

CATALOGUE

DES

Objets d'Art & de Curiosité

EN MARBRE, TERRE CUITE, BRONZE, FER FORGÉ

BOIS & PIERRE SCULPTÉS

MEUBLES ANCIENS — NOMBREUX SIÈGES

TAPISSERIES

DES XVIIᵉ, XVIIIᵉ SIÈCLES & DE LA RENAISSANCE

TABLEAUX

PORTRAITS DU XVIIIᵉ SIÈCLE

OBJETS VARIÉS

ET DONT LA VENTE AUX ENCHÈRES PUBLIQUES AURA LIEU

HOTEL DROUOT, SALLE Nº 11

LE JEUDI 27 OCTOBRE 1910

à deux heures

COMMISSAIRE-PRISEUR	EXPERT
Mᵉ ANDRÉ COUTURIER	**M. GEORGES GUILLAUME**
Successeur de M. Léon TUAL	13, rue d'Aumale
56, rue de la Victoire	PARIS

EXPOSITION PUBLIQUE

Le Mercredi 26 Octobre 1910, de 2 h. 1/2 à 5 h. 1/2

CONDITIONS DE LA VENTE

Elle sera faite *au comptant*.

Les adjudicataires paieront *dix pour cent* en sus des enchères.

L'exposition mettant le public à même de se rendre compte de l'état et de la nature des objets, aucune réclamation ne sera admise une fois l'adjudication prononcée.

Paris — Imprimerie de l'Art. CH. BERGER, 41, rue de la Victoire.

DÉSIGNATION

TABLEAUX

GRAVURES

GYSBRECHTS

1 — *Deux trompe-l'œil se faisant pendant.*

LEFÉVRE (Ad.)

2 — *Bacchante drapée de rouge.*

ÉCOLE FRANÇAISE (xviiie siècle)

3 — *Portrait de femme décolletée.*

> Elle porte une haute coiffure et est assise devant son bureau.
> Cadre médaillon.

ÉCOLE FRANÇAISE (xviiie siècle)

4 — *Portrait de femme coiffée d'un bonnet.*

> Elle est vêtue d'un manteau noir ; le col et les manches sont ornés de dentelles.
> Cadre en bois sculpté et doré.

ÉCOLE FRANÇAISE (xviiie siècle)

5 — *Portrait d'un jeune seigneur à perruque pou-
drée.*

Cadre en bois peint gris.

ÉCOLE FRANÇAISE (xviiie siècle)

6 — *Portrait en pied d'un jeune enfant.*

Il est vêtu d'une robe blanche et tient en laisse un
petit chien.
Baguette sculptée et dorée.

ÉCOLE FRANÇAISE (xviie siècle)

7 — *Portrait d'homme.*

Il est coiffé d'une perruque et porte une tunique
rouge, drapée d'un ample manteau bleu.
Cadre en bois sculpté et doré.

ÉCOLE FRANÇAISE (xviie siècle)

8 — *Portrait d'homme à perruque frisée.*

Il est vêtu d'un costume bleu à bordure rouge.
Cadre médaillon.

ÉCOLE FRANÇAISE (xviie siècle)

9 — *Portrait de femme.*

En riche costume décolleté, les cheveux tombant sur
les épaules.
Cadre médaillon.

ÉCOLE HOLLANDAISE

10 — *Portrait de fillette en pied.*

En robe bleue bordée de blanc, elle est coiffée d'un petit bonnet rond.

ÉCOLE ITALIENNE (xviiie siècle)

11 — *Groupe de pêcheurs dans un paysage.*

Baguette dorée et sculptée.

12 à 15 — Lot de six toiles peintes (copies). (Sera divisé.)

16 — Deux gravures, d'après GIRARDET, dans des cadres Empire.

17 — Quatre gravures en couleurs, d'après HUET, gravées par WOLFF.

18 — Quatre gravures, d'après J. VERNET, partie de la série des Ports de France :

Le Port de Bordeaux.
La Ville de Bordeaux.
Le Port de Toulon.
La Pêche du thon.

19 à 29 — Lot d'environ trente gravures anglaises anciennes et modernes, en noir et en couleurs : sujets équestres, sujets de chasse, grotesques et autres. (Sera divisé.)

MARBRE, TERRE CUITE
BRONZE, FER FORGÉ
BOIS ET PIERRE SCULPTÉS

DIVERS

30 — Buste d'homme xviiie siècle ; terre cuite.

> Haut., 72 cent.

31 — Buste de femme, signé *Baudoin ;* terre cuite peinte.

32 — Buste d'homme du Directoire en plâtre.

33 — Autre buste en plâtre d'un magistrat.

34 — Garniture de cheminée Empire, comprenant une pendule marbre vert surmontée d'un sujet en bronze : l'Amour et Psyché, et deux candélabres de six lumières à cariatides de femmes en bronze patiné et doré.

> Haut. de la pendule, 72 cent.

35 — Statue en bronze fondue à cire perdue : sujet mythologique de grandeur demi-nature. xviie siècle.

36 — Galerie de foyer en bronze patiné et cuivre. Époque Directoire.

37 — Lustre Louis XVI en bronze ciselé, ornée de pendeloques en cristal de roche.

38 — Deux petites appliques Louis XIV en bronze ciselé.

39 — Surtout de table en métal argenté, comprenant trois parties à fonds de glace. Style Louis XV.

40 — Fontaine et son bassin en cuivre ; monture fer forgé. Époque Louis XIV.

41 — Paire de cache-pot en cuivre munis d'anses-coquilles en bronze ciselé ; décor au vernis de personnages chinois et de fleurs. Époque Louis XIV.

42 — Théière en ancien cuivre.

43 — Deux plaques de cheminée en fonte, présentant un écusson fleurdelysé surmonté d'une couronne et flanqué de figurines de Renommée. Époque Régence.

44 — Grille en fer forgé à hauteur d'appui, ornée d'entrelacs, rinceaux et guirlandes. Époque Louis XIV.

45 — Deux panneaux bois, à motifs d'oiseaux, torche et carquois sculptés en dorure sur fond peint gris. Style Louis XVI.

46 — Panneau en bois sculpté, peint et doré, à guirlandes, chutes et nœuds de rubans. Époque Louis XVI.

47 — Devant de coffre gothique en bois sculpté.

48 — Trois grands panneaux en laque de Chine, à décors de fleurs et oiseaux. XVIIe siècle.

49 — Deux grands torchères en bois sculpté et doré, à volutes et feuillage. XVIIe siècle.

50 — Deux autres petits, de mêmes genre et époque.

51 — Quatre flambeaux d'église en bois sculpté et argenté. Époque Louis XIV.

52 — Deux grands cariatides en noyer sculpté, à décor de volutes et sujets d'enfants supportant des bouquets de fleurs et des fruits. XVIIe siècle.

53 — Petite glace rectangulaire Louis XIV, à double cadre sculpté et doré.

54 — Groupe en bois sculpté polychrome : La Vierge et l'Enfant.

55 — Deux consoles en bois sculpté et doré, à personnages.

56 — Deux vases de faîte en pierre sculptée, ornés de bouquets et guirlandes, et flanqués de têtes de faunes. XVIIe siècle.

57 — Autre de même époque, flanqué de têtes de
béliers.

58 — Autre, avec ornements de fleurs et fruits, et
têtes de béliers sur chaque côté. XVIIIe siècle.

59 — Quatre corbeilles de fleurs et fruits, en pierre
sculptée, de forme ronde. XVIIe siècle.

60 — Autre de même époque et de même genre,
mais plus grande.

61 — Autre corbeille en pierre de forme ovale, ren-
fermant des fleurs et des fruits. XVIIe siècle.

62 — Quatre sujets : Enfants musiciens en pierre
sculptée. XVIIe siècle.

63 — Deux lions couchés en marbre blanc. XVIIe
siècle.

64 — Garniture de toilette en porcelaine de Chine,
comprenant bouteille, cuvette, boîte à savon et
coffret.

65 — Petite salière double en porcelaine décorée.

66 — Cruche et sa cuvette en ancienne faïence, à
décor de roses.

67 — Grande malle en cuir brun, à clouterie d'un
joli dessin. Travail espagnol du XVIe siècle.

68 — Petit coffret, forme malle, en cuir gaufré à
  dorures.

69 — Ancien vitrail présentant un sujet saint en-
  cadré de fruits, oiseaux, anges, tritons et rinceaux de feuillage.

70 à 73 — Quatre montres en or émaillé et ciselé.
  XVIIIᵉ siècle.

74 à 76 — Trois autres, de même époque, en argent.

77 — Deux autres en cuivre repoussé, une en
  ivoire.

78 — Gilet de soie brodée à fleurs. XVIIIᵉ siècle.

MEUBLES ET SIÈGES

79 — Meuble-secrétaire, formant armoire en haut et
  en bas, en bois de rose et de violette, mar-
  quetés de bois de couleur; entrées de serrure
  et chutes en bronze ciselé et doré. Époque
  Louis XVI.

80 — Secrétaire-chiffonnier en bois de rose et de
  violette, orné de bronzes dorés; dessus en
  marbre Sainte-Anne. Époque Louis XVI.

81 — Meuble-bureau en noyer, pouvant s'adapter à
une encoignure et fermant par deux portes à la
partie inférieure ; entrées de serrures en bronze
ciselé. Époque Louis XV.

82 — Petit meuble à coiffer en acajou, muni de trois
tiroirs et de deux tablettes marbre blanc à fond
de glace, avec montants à cannelures. Époque
Louis XVI.

83 — Commode décorée de laque à paysages, personnages et fleurs ; entrées de serrure et poi-
gnées cuivre. Époque Louis XIV.

84 — Petit buffet bas assorti, muni de quatre
portes et deux tiroirs.

85 — Horloge à gaine Louis XVI en noyer sculpté,
à guirlandes, chutes, nœuds de rubans et attri-
buts de musique ; cadran partiellement doré et
peint.

86 — Console demi-lune en marqueterie hollandaise,
fermant par deux tiroirs à boutons cuivre.

87 — Petite console Louis XVI, de forme carrée,
en bois sculpté et doré, à entrejambe orné d'un
vase ; dessus en marbre blanc.

88 — Console Louis XV en bois sculpté et peint
gris, couverte d'un marbre noir.

89 — Table à six pans en noyer sculpté, supportée par trois pélicans à pieds-griffes. xvie siècle.

90 — Petite table, à pieds galbés, en marqueterie de bois divers formant damier et encadrements de filets.

91 — Table à ouvrage en acajou à filets cuivre, posant sur pieds X. xviiie siècle.

92 — Table tric-trac en bois de placage, ornée de bronze ciselé à mascarons et rocaille. Époque Louis XIV.

93 — Ancienne petite table à rafraîchir en noyer, couverte d'un marbre Sainte-Anne.

94 — Table de nuit en bois de placage, fermant à volets.

95 — Bahut breton à deux corps, fermant par quatre portes et deux tiroirs, en noyer, à sculptures d'amours, têtes d'anges, aigles, et surmonté au fronton d'une couronne ducale. Époque Renaissance.

96 — Bahut bas Renaissance, fermant à deux portes, en noyer sculpté, à cariatides, mascarons et godrons.

97-98 — Deux grandes armoires à portes pleines en bois ciré, ornées de cuivres.

99 — Stalle à deux places en noyer, à fronton mouluré et dossier sculpté de rinceaux. Fin du XVIᵉ siècle.

100 — Lit de repos Directoire en bois sculpté, couvert de velours d'Utrecht jaune, avec deux coussins assortis.

101 — Canapé foncé de canne, dossier à balustres. Style anglais.

102 — Deux fauteuils, deux tabourets à X et deux chaises en bois sculpté et peint gris, couverts de tapisserie au petit point, à dessins bleus sur fond blanc. Fin du XVIIIᵉ siècle.

103 — Fauteuil en bois sculpté sur pieds cannelés et couvert de velours frappé à rayures. Époque Louis XVI.

104 — Fauteuil de bureau foncé de canne, sur pieds à cannelures. Époque Louis XVI.

105 — Trois fauteuils de style anglais, à dossier quadrillé.

106 — Fauteuil de style Louis XVI en bois finement sculpté, couvert d'étoffe à rayures et fleurettes.

107 — Deux fauteuils couverts de cuir, dossiers à entrelacs. XVIIIᵉ siècle anglais.

108 — Fauteuil Louis XVI, à dossier arrondi et
pieds cannelés, couvert de tapisserie au point à
fleurs sur fond bleu et contre-fond jaune.

109 — Fauteuil Régence en bois naturel sculpté,
couvert de tapisserie au point à fleurs et ra-
mages verts sur fond clair.

110 — Fauteuil Louis XVI en bois sculpté, à dossier médaillon et nœuds de ruban, bras galbés
et pieds à cannelures, couvert de soierie cerise
à fleurs.

111 — Deux chaises en bois naturel sculpté, à fond
de canne. Époque Louis XV.

112 — Chaise en bois naturel sculpté et foncée de
canne, de style Louis XVI.

113 — Chaise en bois naturel sculpté et cannée, de
style Louis XV.

114 — Six chaises Louis XIII, couvertes de velours
rouge et garnies de clous.

115 — Chaise-fumeuse en bois sculpté et doré, de
style Louis XIV.

116 — Quatre chaises Louis XV en bois naturel
sculpté, à fond de canne.

117 — Sept chaises Empire en bois sculpté et peint
blanc à rosaces et couronnes, couvertes de crin
noir.

TAPISSERIES

118 — Tapisserie d'Aubusson, présentant un paysage d'un beau coloris sur fond clair avec nombreux arbres et château ; au-devant, des échassiers s'ébattent sur le bord d'une rivière, à gauche une fontaine ; encadrement à fleurs et rinceaux. xviiie siècle.

Dimensions : Haut., 2 m. 80 cent.; larg., 3 mètres.

119 — Tapisserie-verdure, animée de volatiles et cours d'eau, avec construction à l'arrière-plan ; bordure de fleurs et oiseaux en haut et en bas. Aubusson, xviiie siècle.

Dimensions : Haut., 2 m. 55 cent.; larg., 3 m. 30 cent.

120 — Grande tapisserie à sujet de danses villageoises dans un paysage verdoyant ; au fond, une construction d'une belle architecture, le premier plan est orné de plantes grasses et de fleurs. Flandres, fin du xviie siècle. Bordure rapportée à fruits enrubannés et volutes aux angles.

Dimensions : Haut., 2 m. 80 cent.; larg., 4 m. 55 cent.

121 — Tapisserie à sujet de chasse à courre : la meute serre de près le cerf aux abois, le seigneur a mis pied à terre et sonne du cor, tandis qu'un cheval apparaît vers la gauche ; encadrement à fleurs, coquilles et lambrequins. Aubusson, commencement du xviiie siècle.

Dimensions : Haut., 2 m. 60 cent ; larg , 2 m. 70 cent.

122 — Tapisserie-verdure avec rivière, constructions et oiseaux ; encadrement à fleurs et enroulement de rubans. Aubusson, xviii⁰ siècle.

Dimensions : Haut., 2 m. 80 cent.; larg., 1 m. 65 cent.

123 — Panneau de tapisserie Renaissance, présentant plusieurs personnages à pied, d'autres à cheval, au milieu d'un vaste champ planté d'arbres et derrière lequel se profile un village ; sur le devant, des chiens jappent autour d'un oiseau fantastique.

Dimensions : Haut., 2 m. 25 cent.; larg., 2 m. 05 cent.

124 — Tapisserie en longueur, présentant un château-fort et divers bâtiments, oiseaux, pièces d'eau, fontaine et de nombreux arbres, plantes et fleurs aux couleurs vives. Aubusson, xviiiᵉ siècle.

Dimensions : Haut., 2 mètres ; larg., 4 m. 15 cent.

125 — Bande de tapisserie Renaissance : fruits et feuillage, mascarons, médaillon avec tireur à l'arc.

Dimensions : Haut., 2 m. 05 cent.; larg., 42 cent.

126 — Fragment de tapisserie-verdure. Aubusson, xviiiᵉ siècle.

Dimensions : Haut., 2 m. 05 cent.; larg., 84 cent.

127 — Autre fragment de mêmes origine et époque.

Dimensions : Haut., 2 m. 05 cent.; larg., 51 cent.

128 — Objets omis.

www.ingramcontent.com/pod-product-compliance
Lightning Source LLC
LaVergne TN
LVHW021919180726
843502LV00008B/3155